Der Glaube,

auf den mein Patenkind getauft wurde

Ich glaube an Gott,
den Vater, den Allmächtigen,
den Schöpfer des Himmels und der Erde,
und an Jesus Christus,
seinen eingeborenen Sohn, unsern Herrn,
empfangen durch den Heiligen Geist,
geboren von der Jungfrau Maria,
gelitten unter Pontius Pilatus,
gekreuzigt, gestorben und begraben,
hinabgestiegen in das Reich des Todes,
am dritten Tage auferstanden von den Toten,
aufgefahren in den Himmel;
er sitzt zur Rechten Gottes,
des allmächtigen Vaters;
von dort wird er kommen,
zu richten die Lebenden und die Toten.
Ich glaube an den Heiligen Geist,
die heilige christliche Kirche,
Gemeinschaft der Heiligen,
Vergebung der Sünden,
Auferstehung der Toten
und das ewige Leben.
Amen.

Sie wurden gefragt, ob Sie Patin bzw. Pate werden wollen

„Tanja, ich muss dich was fragen." – „Was kommt denn jetzt?", denkt Tanja, als sie mit ihrer Freundin Silke telefoniert. „Willst du Leonies Patin werden?" Tanja schluckt. Sie freut sich riesig. „Ja, klar!", ruft sie. Die beiden telefonieren noch eine Weile. Später, als Silke aufgelegt hat, kommt sie ins Nachdenken. Sie wird Patin. Das ist so schön! Aber auch ganz schön verantwortungsvoll, oder? Überhaupt, was heißt denn das, Pate zu sein?

Vielleicht ging es Ihnen ähnlich, als Sie gefragt wurden: Wirst du Pate oder Patin für unser Kind? Vielleicht waren Sie überrascht. Vielleicht geschmeichelt. Vielleicht wussten Sie sofort: Na klar, das will ich machen! Vielleicht mussten Sie auch erst mal überlegen.

Was bedeutet es eigentlich, Pate zu sein?

Pate zu sein, das heißt: Da ist noch jemand außer den Eltern. Noch jemand, der für das Kind da ist. Der sich mit ihnen freut über alles, was gelingt. Der zuhört und beisteht, wenn die Eltern sich Sorgen machen. Der zum Geburtstag gratuliert und zu Weihnachten ein Päckchen schickt. Jemand zum Verwöhnen und zum Liebhaben. Der zur ganzen Familie sagt: Ich stehe zu euch, ich stärke euch den Rücken.

Das heißt für das Patenkind: Da ist noch jemand außer meinen Eltern, der es gut mit mir meint. Zu dem ich immer kommen

kann. Und der mir vielleicht auch dann zuhört, wenn es mit den Eltern mal schwierig ist. Ein Ansprechpartner, ein Mensch, dem ich vertrauen kann – weil er sich von Anfang an hinter mich stellt.
Manche Familien treffen Absprachen wie: Wenn den Eltern etwas zustößt, dann soll das Kind zu den Paten kommen, sie sollen Verantwortung übernehmen und sich um das Kind kümmern. Manche lassen das auch ganz offen.

Ein Versprechen, eine Aufgabe gehört immer zum Patenamt: Bei der Taufe haben Sie als Pate versprochen, die Eltern bei der Erziehung zu unterstützen, Verantwortung für das Kind vor Gott zu übernehmen und vor allem: ihm vom Glauben zu erzählen. Ihr Patenkind ist wahrscheinlich noch zu jung, um sich selbst entscheiden zu können, um zu äußern: „Ich will Christ sein." Deshalb braucht es Erwachsene, die ihm von ihrem Glauben erzählen, Geschichten aus der Bibel vorlesen, seine Fragen über Gott und die Welt beantworten – so gut sie können.

Vielleicht denken Sie jetzt: Aber ich weiß doch selbst gar nicht so genau, wie ich das mit Gott sehe. Dann machen Sie sich gemeinsam mit Ihrem Patenkind auf die Suche! Lesen Sie gemeinsam mit ihm in der Kinderbibel. Und antworten Sie ehrlich, wenn es Sie nach Ihrem Glauben fragt. Dabei ist nicht wichtig, immer die richtigen Antworten zu geben. Sondern viel wichtiger ist, dass Sie ehrlich und offen mit Ihrem Patenkind sind. Vielleicht trauen Sie sich auch, mit Ihrem Patenkind zu beten: Gott gemeinsam zu erzählen, auf welche Fragen Sie stoßen. Ihm zu danken, für schöne Erlebnisse. Ihn zu bitten, wenn es Probleme gibt.

Auf der Suche nach Gott

Ich suche Gott, ich suche meinen Glauben. Da ist etwas in mir von damals, aus Kindertagen. Da war meine Mutter, meine Großmutter, mein Pate – eine Stimme, die sang ein Lied: „Guten Abend, gut' Nacht … morgen früh, wenn Gott will, wirst du wieder geweckt." Oder „Müde bin ich, geh zur Ruh, schließe meine Augen zu. Vater, lass die Augen dein über meinem Bette sein."
Damals war es leicht, zu glauben. Sich fallen zu lassen.
Gott zu vertrauen.

Von allen Seiten umgibst du mich und hältst deine Hand über mir.

Und jetzt? Jetzt bin ich selbst erwachsen. Was ist noch da vom Kinderglauben? Und wie kann er erwachsen werden? Ich frage Gott, ich suche ihn. Und nichts, was ich tue, nichts, was mich bewegt, ist ihm verborgen.

Herr, du erforschest mich und kennest mich. Ich sitze oder stehe auf, so weißt du es; du verstehst meine Gedanken von ferne.

Ich sehe und erlebe Dinge, die mir Angst machen. Ich spüre manchmal Einsamkeit. Die Welt und das Leben sind wunderschön und manchmal schrecklich. Ich sehne mich danach, dass jemand mir das Leben erklärt. Ich hoffe, dass jemand, der stärker ist als ich und wir, der weiter sieht als die Menschheit, die Erde in seiner Hand hält.

Nähme ich Flügel der Morgenröte und bliebe am äußersten Meer, so würde auch dort deine Hand mich führen und deine Rechte mich halten. Spräche ich: Finsternis möge mich decken und Nacht statt Licht um mich sein –, so wäre auch Finsternis nicht finster bei dir, und die Nacht leuchtete wie der Tag.

Manchmal könnte ich vor Freude jubeln. Und manchmal fühle ich mich dem Leben nicht gewachsen. Ich brauche ein Gegenüber, jemanden, der all das mit mir durchlebt. Auch dann noch, wenn Menschen mich enttäuschen. Manchmal glaube ich, Gott ganz nah zu sein. Und manchmal kann ich ihn weder sehen noch verstehen.

Wie schwer sind für mich, Gott, deine Gedanken! Wie ist ihre Summe so groß! Wollte ich sie zählen, so wären sie mehr als der Sand: Wenn ich aufwache, bin ich noch immer bei dir.

Zum Glück bin ich nicht allein auf der Suche nach Gott. Zum Glück sind wir eine Gemeinschaft. Zusammen gestellt in diese Welt. Zusammen geliebt von Gott, der das Leben gemacht hat. Zusammen ermutigt durch das Wort des anderen. Und besonders durch das, was Gott zu uns sagt. Und weil er es gut mit uns meint und gut mit mir, kann ich mich immer an ihn wenden. Vertrauensvoll und voller Hoffnung.

Erforsche mich, Gott, und erkenne mein Herz; prüfe mich und erkenne, wie ich's meine. Und sieh, ob ich auf bösem Wege bin, und leite mich auf ewigem Wege. (Psalm 139)

Segen

für den Täufling

Gott segne deine Füße,
damit du den richtigen Weg einschlägst.

Gott segne deine Hände,
damit sie tatkräftig zupacken
und die Welt zu einem besseren Ort machen.

Gott segne deine Ohren,
damit sie aufmerksam zuhören
und auch das Ungesagte wahrnehmen.

Gott segne deine Augen,
damit sie die Menschen so sehen,
wie sie wirklich sind.

Gott segne dein Herz,
damit du erkennst, wie sehr er dich liebt.

Amen.

Was geschieht eigentlich bei der Taufe?

Jetzt ist Ihr Patenkind getauft. Wie war es? Hat das Kind gelacht oder geschrien? Hat es alles ruhig über sich ergehen lassen oder vielleicht sogar geschlafen? Dachten alle: „Hoffentlich ist es bald vorbei!“, oder war es ein Moment zum Genießen?
Vielleicht waren Sie beteiligt – haben Ihr Patenkind gehalten, den Taufspruch gelesen oder die Taufkerze entzündet.
Jetzt ist die Frage: Was bleibt davon übrig? Taufe – ein paar Tropfen Wasser über den Kopf und das war's? Nein! Denn an der Taufe ist Gott intensiv beteiligt. Er verspricht dem Täufling: „Du gehörst zu mir.“ Das Kind ist nicht nur den Eltern und Ihnen als Paten anvertraut. Es ist als Erstes und für alle Zeiten Gottes Kind.
Das heißt: Er geht mit – bei jedem Schritt, den dieses Kind im Leben tut. Oft als stiller Begleiter. Aber manchmal auch ganz deutlich spürbar. Sein Ohr ist immer offen für ein gemurmeltes Stoßgebet oder einen dankbaren Freudenschrei. Seine Hand ist immer bereit, festen Halt zu geben, wenn der Untergrund mal steinig und uneben ist. Sein Geist kann den richtigen Weg zeigen, wenn die Orientierung fehlt.
Ihr Patenkind gehört jetzt zu Gott – sein ganzes Leben lang und sogar darüber hinaus. Das zeigen der Tod und die Auferstehung von Jesus Christus: Gottes Sohn stirbt am Kreuz für alles, was das Leben eines Menschen dunkel und schwer machen kann. Doch dabei bleibt es nicht, sondern mit seiner Auferstehung wird der Tod besiegt. Das ist ab jetzt die Maßgabe

für das Leben Ihres Patenkindes: Bei Gott gibt es das volle Leben, sogar dann, wenn wir nach menschlichem Ermessen ganz am Ende sind. Das ist sein Geschenk an jeden, der getauft ist.

Helfen Sie Ihrem Patenkind dabei, dieses Geschenk zu entdecken! Machen Sie sich mit ihm zusammen auf die Suche nach Gott. Und Sie werden merken: Ihr Leben steht unter einem guten Vorzeichen. Mit Gott durchs Leben zu gehen, das bedeutet: Leben im Überfluss. Es bedeutet, reich zu sein – egal, wie der Kontostand ist. Weil Gott „Ja“ zu Ihnen gesagt hat. Zu Ihrem Patenkind und zu Ihnen.

Der Tauftag – ein Grund zum Feiern!

Gratulieren Sie Ihrem Patenkind nicht nur zum Geburtstag, sondern auch und ganz besonders zum Tauftag! Hat Ihr Patenkind eine Taufkerze bekommen? Dann stellen Sie sie auf den Tisch. Zünden Sie sie gemeinsam mit ihm an. Und erzählen Sie Ihrem Patenkind, wie das war, in der Kirche. Schauen Sie gemeinsam mit ihm Fotos an. Wer war alles da? Was wurde gesprochen? Und was gesungen? Können Sie sich an eins der Lieder erinnern? Dann singen Sie es doch mal zusammen mit Ihrem Patenkind – oder suchen sie es zusammen im Internet heraus und hören sie es sich gemeinsam an.

Der Tauftag ist wie ein zweiter Geburtstag. Der Tag, an dem das Kind noch mal ganz neu Gottes Kind wurde. Ihr Patenkind lernt: Dass es dich gibt, ist kein Zufall! Sondern Gott wollte, dass du lebst. Ihm bist du unendlich wichtig. Das bedeutet: Dein Leben hat einen Sinn.

Wenn Sie am Tauftag nicht persönlich da sein können, rufen Sie Ihr Patenkind an oder schicken Sie eine kurze Nachricht. Mit dem Satz: „Ich denke an dich – und ich bete für dich.“ Das ist sowieso immer eine gute Idee: für Ihr Patenkind beten. Mit einem kurzen Gedanken zu Gott vor dem Zubettgehen zum Beispiel. Oder morgens nach dem Aufstehen. Mit Ihren eigenen Worten. Oder Sie machen sich die Worte des Gebets auf der folgenden Seite zu eigen.

Gebet

eines Paten

Gott,
du hast ______________________________
(Name des Kindes)
gemacht. Du hast alle Haare auf seinem / ihrem Kopf gezählt. Du kennst ihn / sie durch und durch. Ich danke dir für sein / ihr Leben. Ich danke dir, dass ich mein Patenkind begleiten kann.

Bitte, Gott, segne sie / ihn heute. Du weißt, was mein Patenkind gerade braucht. Wie es sich fühlt. Wo es gerade ist. Gib ihm Kraft, Mut und Freude am Leben.

Stell ihm gute Freunde an die Seite. Segne und unterstütze seine Eltern. Lass es Menschen begegnen, die ihm zeigen: Du bist geliebt und unendlich wertvoll.

Bitte hilf mir, meinem Patenkind ein guter Begleiter zu sein. Manchmal weiß ich selbst nicht genau, wie das geht. Ich brauche dabei deine Unterstützung. Hilf mir, den Kontakt zu meinem Patenkind zu halten, ehrlich und offen mit ihm umzugehen und für es da zu sein, wenn es mich braucht.
Amen.

Anregung

Ein Brief an das heranwachsende Patenkind zum Tauftag

Mein liebes Patenkind,

heute ist dein Tauftag. Herzlichen Glückwunsch! Seit deiner Taufe ist schon einige Zeit vergangen. Aber das, was damals passiert ist, gilt heute auch noch: Du bist Gottes Kind! Gott begleitet dich durch dein Leben, an jedem Tag. Gott kann man nicht sehen. Das macht es manchmal schwierig, ihn zu bemerken. Aber du kannst sicher sein: Er weiß genau, wie es dir geht. Er weiß, was du brauchst und was du dir wünschst. Er ist auch dann bei dir, wenn du so richtig wütend bist oder etwas machst, das du besser nicht getan hättest. Und: Er hat dich auch dann noch lieb, wenn gerade alles so richtig schiefläuft. Du kannst dir Gott vorstellen wie den besten Vater, den es auf der Welt geben könnte. Er hat immer Zeit für dich. Er hört dir immer zu. Er weiß, was gut für dich ist. Er begleitet dich und versorgt dich mit allem, was du brauchst. Und wenn du nicht weiterweißt, will er dir den Weg zeigen. Vielleicht dreht er dich dann auch mal sanft in eine andere Richtung. Keine Angst: Er meint es gut mit dir.

Wenn du mal das Gefühl hast, dass Gott ganz weit weg ist, dann sag ihm das. Sag ihm, was du brauchst. Ich gebe mir große Mühe, immer für dich da zu sein. Das habe ich bei deiner Taufe versprochen. Aber du und ich, wir machen auch Fehler. Genau wie jeder andere Mensch. Gott nicht. Er verzeiht uns unsere Fehler. Wie er ist, darüber kannst du aus der Bibel viel lernen. Wie wär's, wenn wir zusammen mal darin lesen? Vergiss nie: Du kannst Gott immer vertrauen. Er macht dich stark fürs Leben. Und er zeigt dir, was wirklich zählt.

Anregung

Ein Brief zur Konfirmation des Patenkindes

Mein liebes Patenkind,

heute endet meine Aufgabe. Du bist nun alt genug, um selbst zu entscheiden, wie du zum Glauben stehst. Wie war die Konfirmandenzeit für dich? Hast du viel über Gott gelernt? Und vielleicht auch etwas über dich? Hoffentlich hattest du auch viel Spaß mit den anderen Konfirmandinnen und Konfirmanden.
Mit der Konfirmation hast du einen wichtigen Schritt in Richtung Erwachsenwerden gemacht. Damals, bei deiner Taufe, haben deine Eltern und ich stellvertretend für dich „Ja" gesagt. Damals konntest du noch nicht zustimmen. Aber jetzt bist du älter. Und du kannst dir selbst Gedanken über Gott und die Welt machen.
Du hast dich dafür entschieden, dich konfirmieren zu lassen. Selbst zu sagen: „Ja, ich glaube an Gott." Ich möchte dir Mut machen: Bleib dran! Frag weiter nach ihm. Seine Meinung zu dir und deinem Leben ist wichtig. Wichtiger sogar als das, was andere Menschen, deine Freunde, ja sogar deine Eltern von dir denken. Dein Leben ist voller

Anforderungen. Schule. Freunde. Eltern. Hobbys. Das kann ganz schön viel und anstrengend werden – da bleibt oft nicht viel Zeit und Kraft. Vielleicht findest du Glauben im Moment auch nicht so interessant. Weißt du, Gott hat jede Menge Geduld. Er weicht nicht von deiner Seite, auch wenn du eine Zeit lang gar nicht nach ihm fragst. Er ist immer für dich da.

Und natürlich bleibe auch ich immer für dich da. Auch wenn ich jetzt nicht mehr „für dich" glauben muss, will ich es gerne mit dir tun. Lass uns in Verbindung bleiben. Ich denke an dich und bete weiter für dich.